EVIA
EDICIONES

EVIA EDICIONES
ES PROPIEDAD DE EDICIONES VISUALES ALBERDI S.A.
BUENOS AIRES - ARGENTINA
www.eviatienda.com

¡Hola queridas amigas!

Estoy muy contenta de encontrarnos a través de este medio.

Como decía Picasso "Que la inspiración nos encuentre trabajando", así que les propongo ponerse a disfrutar entre papeles y colores, para empezar a crear ¡y no parar!

El découpage hace bien, nos conecta con nosotras mismas y nos lleva a olvidarnos de lo cotidiano, relajarnos y además, decorar la casa, hacer regalos, poder hacer objetos para vender y sentirnos contentas.

Les propongo diseños fáciles para aventurarse a estilos vintage, minimalista, hippy chic, combinando el découpage con la pintura.

Espero ser una compañía mientras crean, gracias por elegirnos para aprender con este equipo que formamos junto a EQ Arte y Evia Ediciones. Es muy grato para mí, poder ayudarlas a plasmar la pasión por el découpage.

¡A crear entonces!

MARINA CAPANO
Taller Via Marina
Castelar y C.A.B.A.
Giras por el interior de Argentina, Perú, Chile, Uruguay y Bolivia
WhatsApp +54 911 2376-8791
arteviamarina@gmail.com
Facebook página @marinacapano
Instagram @marinacapano

KIT BÁSICO
para empezar a trabajar

Para realizar la técnica de découpage son pocos los materiales que se necesitan. Lo más importante es saber cómo usar cada adhesivo según el soporte sobre el cual se van a aplicar los papeles. Siempre les recomendamos terminar los trabajos con una mano de barniz para proteger bien las piezas. Para enriquecer sus trabajos podrán añadirles estampados con estenciles, técnicas diversas de pinturas, usos de accesorios como pinturas dimensionales, decapados, vidrio líquido, etc. El découpage es una técnica muy interesante para dejar volar la imaginación.

✻ Les recomendamos seguir bien las instrucciones de uso de cada adhesivo, para que el trabajo quede perfecto.

* Si van a pegar servilletas sobre fibrofácil, telgopor, papel, yeso, corcho, etc., el pegamento adecuado es mod podge, es ideal para utilizar sobre superficies porosas.

* Es importante aplicar siempre pegamento por arriba de las servilletas, para terminar de fijar perfectamente el découpage.

* Si se van a usar láminas para découpage, hay que preferir adhesivo multipropósito.

* Para adherir servilletas sobre telas de algodón (previamente lavadas) usar découpage textil.

* Si van a pegar sobre soportes lisos y difíciles como vidrio o loza esmaltada, se debe usar barniz vitrificable.

mesita recuperada

MARINA

Te sugiero este diseño minimalista y rítmico, con la nueva tendencia botánica. El minimalismo es la propensión a reducir a lo esencial, a despojar de elementos sobrantes, mínimo en detalles.

Para este trabajo es necesario tener la madera libre de pintura: utilizar removedor gel si tiene pintura descascarada, o sal de limón, si tuviera manchas.

Si es enchapado, la opción es pintar con pintura a la tiza, que permite un excelente mordiente.

1. Con la pinceleta, aplicar una mano de pintura a la tiza blanca a todo el mueble. No lijarlo. Dejar secar.

2. Aplicar el barniz al agua y diluyente por toda la superficie. Dejar secar.

MATERIALES

. Pintura a la tiza, en los colores: blanco y hueso

. Acrílico tierra de sombra natural

. Adhesivo mod podge

. Servilleta con estampado de hojas

. Pinceles: chato, taponador y pinceleta

. Sellos de hojas

. Barniz al agua y diluyente satinado

. Tijera

3. Cargar el sello de la hoja más grande, con pintura a la tiza hueso, utilizando la técnica de pincel seco.

4. Sellar la tapa de la mesa de forma rítmica, en una dirección. Levantar el sello con cuidado de no manchar el trabajo. Volver a cargar y continuar.

5. Sellar la tapa de la mesa de forma rítmica, en dirección contraria a la realizada anteriormente.

6. Cargar el sello de la otra hoja, con pintura a la tiza hueso, utilizando la técnica de pincel seco.

7. Continuar sellando en forma rítmica en una dirección y luego en otra hasta completar toda la tapa de la mesa.

8. Mojar con agua y pincel los límites de la hoja de la servilleta.

9. Con cuidado, trozar la servilleta a mano, desgarrando el papel en la zona humedecida.

10. Retirar las hojas sin impresión, del sector posterior de las servilletas.

11. Colocar mod podge sobre el sector de la mesa donde vamos a colocar la hoja.

12. Acomodar cuidadosamente el recorte.

13. Colocar nuevamente adhesivo por encima, para asegurar el pegado. Dejar secar bien.

14. Barnizar con barniz y diluyente satinado. Dejar secar.

15. Realizar pincel seco, con acrílico tierra de sombra natural.

16. Con trapo suave de algodón esfumar, suavemente sin dejar secar.

CAJONCITOS PER TUTTI

MARINA

Colocar las mariposas y pájaros en diferentes direcciones, para que la composición quede más dinámica.

Siempre es necesario dar base blanca bajo las figuras, para que no oscurezcan el tono de la servilleta elegida.

Para aplicar el pincel seco, utilizar un color neutro, por ejemplo: tierra y un complementario.

Los colores complementarios, son aquellos que se encuentran opuestos dentro del círculo cromático. Es decir: naranja/azul, violeta/amarillo o rojo/verde

Proteger la superficie decorada con découpage con barniz al agua antes de realizar esténciles, sellos o pátinas, permite borrar, si es necesario con trapo húmedo, y volver a realizarlo.

MATERIALES

- Cajones de MDF
- Acrílico decorativo, en los colores: amarillo limón, tierra sombra natural y blanco
- Pintura a la tiza, en los colores: lila e índigo
- Adhesivo mod podge
- Pintura dimensional de colores varios
- Pintura dimensional glitter cristal
- Pinceles: chato y pinceletas
- Sellos y esténciles
- Servilletas de papel para découpage
- Barniz al agua y diluyente satinado
- Tijera y lápiz
- Trapo

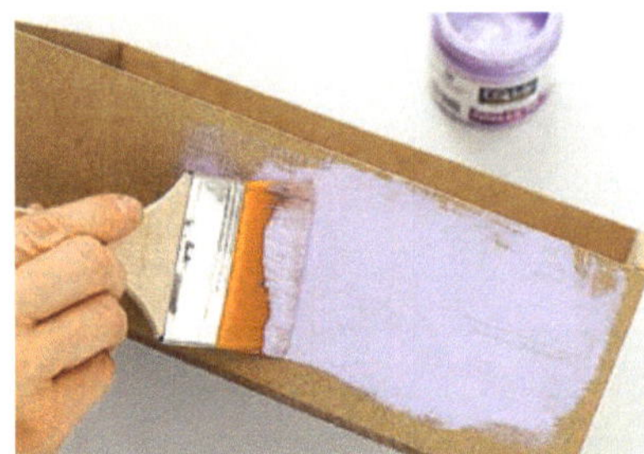

1. Aplicar una mano de pintura a la tiza color lila. Dejar secar.

2. Cortar cuidadosamente las mariposas por el borde.

3. Presentar las mariposas en el cajón, como indica el diseño y marcar con lápiz el contorno.

4. Pintar con acrílico blanco la silueta de las mariposas.

5. Retirar las hojas blancas, de la parte posterior de la servilleta.

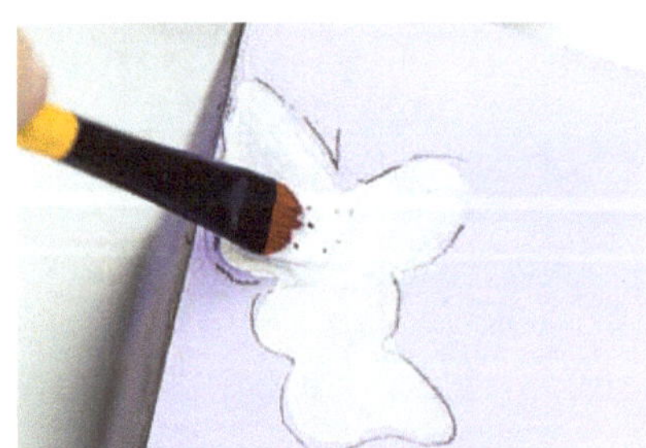

6. Colocar mod podge en la silueta y acomodar la servilleta suavemente. Colocar adhesivo por encima de la servilleta también. Dejar secar bien.

7. Aplicar barniz y diluyente satinado. Dejar secar.

8. Con la pintura a la tiza color índigo, hacer el esténcil, utilizando solo una parte del texto de forma oblicua. Usar la pintura sin diluir.

9. Para hacer más dinámico el diseño, con el mismo esténcil hacer una última palabra, en otro sector del cajón.

10. Pintar algunos sectores del contorno con acrílico amarillo.

11. Sin dejar secar, esfumar la pintura amarilla con trapo.

12. Realizar pincel seco, con acrílico índigo.

13. Realizar pincel seco, con acrílico tierra sombra natural. Si se desea, se puede salpicar con acrílicos de varios colores y hacer puntos que envejezcan el proyecto.

14. Sobre las mariposas, aplicar dimensional con glitter cristal.

15. Realizar puntos en las mariposas, con dimensional glitter de colores.

16. Repetir los pasos del 1 al 10 con el otro cajón, con pintura a la tiza índigo y usando servilleta con diseño de pájaros.

17. Realizar pincel seco, con amarillo.

18. Realizar pincel seco, con blanco.

19. Cargar el sello, con pincel seco y pintura a la tiza índigo.

20. Sin dejar secar, sellar los laterales de los cajones.

CUENCOS Y ESFERAS DE COLECCIÓN

MATERIALES

- Cuencos de yeso
- Esferas de yeso
- Base acrílica negra
- Pintura a la tiza blanca
- Mod podge
- Barniz al agua brillante
- Pincel plano y pinceleta
- Tijera
- Vela o parafina

1. BOL NEGRO: pintar el cuenco de yeso con pintura a la tiza blanca o base blanca. Dejar secar.

2. Presentar la servilleta sobre el cuenco, presionar bien con la mano en las curvaturas para adaptarla a su forma.

3. Realizar los pliegues que sean necesarios. Cortar el excedente.

4. Retirar los papeles blancos, del sector posterior de la servilleta.

5. Colocar abundante mod podge en el cuenco.

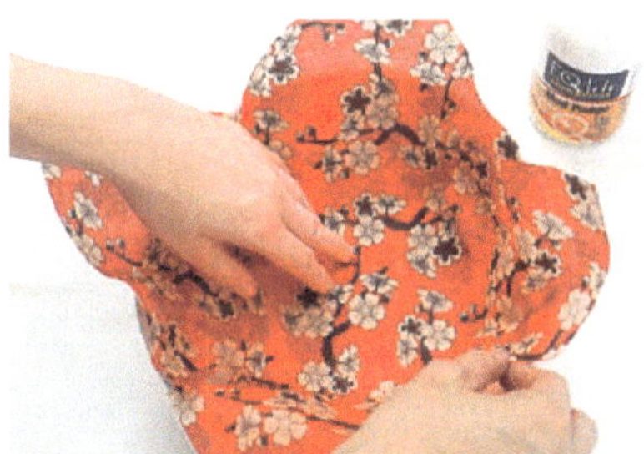

6. Acomodar la servilleta desde el centro y presionar. Redondear con la mano y, de a poco, presionar en los laterales uniendo los cortes.

7. Colocar mod podge por encima. Cortar el excedente.

8. Pintar la parte exterior del cuenco con base acrílica negra o, si desea darle un toque divertido, utilizar pintura para pizarrón, donde se podrá escribir a gusto.

9. EFECTO ENLOZADO: pintar el otro cuenco de negro, dejar secar y pasar parafina o vela en el sector superior, o pequeños detalles.

10. Aplicar una mano de pintura a la tiza blanca. Dejar secar.

11. Con estopa y alcohol, retirar los sectores de parafina y dejar ver detalles en negro. De este modo logramos el efecto enlozado.

12. Recortar una de las flores del diseño de la servilleta.

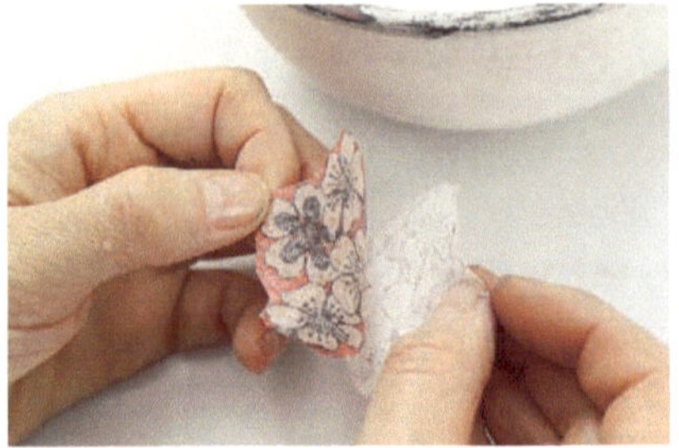

13. Retirar los papeles blancos de la parte de atrás.

14. Aplicar mod podger en el cuenco y aplicar el motivo de flores. Volver a colocar otra capa de pegamento por encima, para asegurar la adherencia.

15. ESFERA FORRADA: presentar la servilleta sobre la esfera.

16. Envolver la esfera para tomar la medida en su totalidad.

17. Marcar los pliegues que sean necesarios. Cortar todos los excedentes.

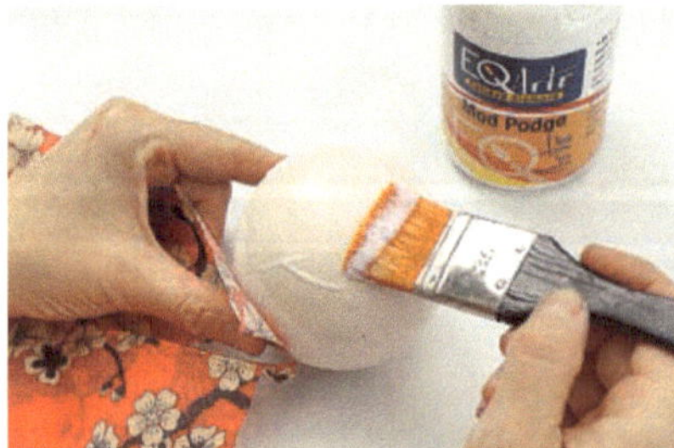

18. Retirar los papeles blancos del sector posterior de la servilleta. Aplicar mod podge sobre la esfera.

19. Presionar y comenzar a envolver. Colocar mod podge sobre la esfera y presionar para evitar arrugas. Completar toda la pieza.

20. Proteger con barniz brillante y dejar secar.

decoración de exterior

MATERIALES

- Casita de MDF
- Acrílicos decorativos, en los colores: amarillo limón, verde lima, sombra natural, rojo bermellón, azul ultramar, fucsia, verde EQ y blanco de titanio
- Pintura a la tiza, en los colores: blanco, turquesa, chocolate y café
- Barniz al agua y diluyente satinado
- Pinceles: redondo, taponador y pinceleta
- Servilleta con estampado de flores y aves
- Tijera y vela
- Craquelador de 1 componente
- Alcohol y estopa

1. CASITA DE PÁJAROS: aplicar una mano de pintura a la tiza color chocolate. Dejar secar.

2. Pintar el techo de la casita con pintura a la tiza blanca. Dejar secar.

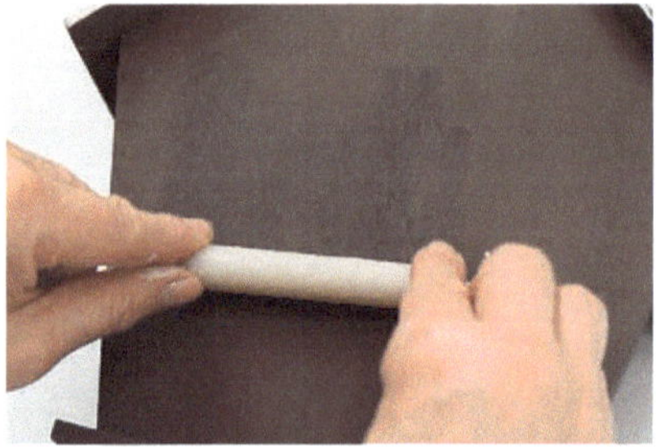

3. Frotar la vela rodando por la superficie, en toda la madera pintada de chocolate.

4. Pintar con pintura a la tiza blanca. Dejar secar.

5. Pasar una estopa embebida en alcohol y decapar los sectores con vela. Realizar presión suave o más fuerte, según la intención del desgaste.

6. Tomar un pliego de la servilleta de papel, retirar las hojas blancas de la parte posterior y apoyar la división, en el centro del techo de la casita.

7. Aplicar mod podge y acomodar la servilleta suavemente.

8. Colocar mod podge por encima, para adherir y proteger al mismo tiempo.

9. Realizar découpage decorativo pintando las hojas. Buscar, de los colores de acrílico decorativo, los más parecidos a la servilleta. También se pueden hacer mezclas.

10. Hacer algunos detalles con un verde más intenso.

11. Mezclar blanco con tierra de sombra natural, en valor alto, es decir muy claro y pintar ponceando, para imitar el fondo de la servilleta

12. Con acrílico rosa, continuar los pétalos.

13. Proteger con barniz al agua y diluyente.

14. Cargar el sello de inscripciones con acrílico tierra de sombra natural.

15. Aplicar el sello en algunos sectores. Volver a cargar y aplicar en otra dirección, pero usando solo una parte del sello.

16. Pintar la puerta de la casita, con pintura a la tiza color café. Aplicar el craquelador de 1 componente con pincel, en una dirección.

17. Cuando llegue al punto mordiente, es decir que al tocarlo queda pegajoso pero no húmedo, aplicar acrílico blanco o pintura a la tiza blanca en una dirección y sin volver atrás.

18. Dar calor con secador de cabello, para que aparezca el efecto craquelado.

19. Con acrílico tierra de sombra natural, aplicar pincel seco.

20. Pintar para destacar la textura del craquelado.

21. Realizar pincel seco con turquesa, solo en algunos sectores.

MATERIALES

- Madera: 5 tablas de 7 x 42 cm
- Rectángulo de MDF de 35 x 42 cm
- Pintura a la tiza, en los colores: turquesa, hueso y blanco
- Pintura negra para pizarrón
- Lámina para découpage
- Estáncil con la palabra "Home"
- Adhesivo vinílico
- Hojas de libro antiguo
- Hilo o cuerda marrón
- Pegamento multipropósito
- Barniz al agua y diluyente satinado
- Tijera y espátula de plástico
- Pinceles: taponador, plano y pinceleta

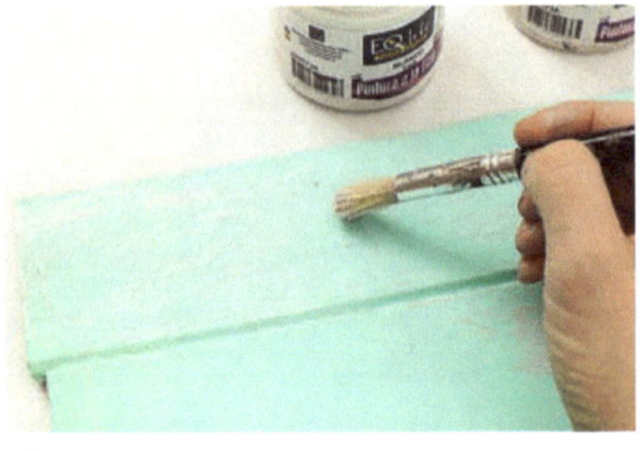

1. Pintar la madera con pintura a la tiza turquesa. Dejar secar.

2. A continuación, aplicar la técnica de pincel seco, con pintura a la tiza color hueso.

3. Avanzar por toda la superficie y realizar también el pincel seco, con pintura a la tiza blanca.

4. En la madera pequeña (rectángulo de MDF), colocar una cinta a 7 cm.

5. Pintar el sector de arriba con pintura a la tiza blanca. Dejar secar bien.

6. Correr la cinta y pegarla en el límite generado por el color de la pintura a la tiza blanca, para limitar la pintura pizarrón.

7. Aplicar dos manos de pintura para pizarrón, dejando secar bien entre ellas.

8. Recortar un diseño de la lámina para aplicar en la parte superior de la madera.

9. Colocar adhesivo multipropósito, en el revés de la lámina.

10. Ubicar la lámina y acomodar suavemente con espátula de plástico, sin dejar pliegues

11. Realizar recortes de la lámina y pegar en la división de las dos pinturas, a modo de guarda.

12. Realizar pincel seco en los laterales, para envejecer, con acrílico tierra de sombra natural.

13. Poncear con pintura a la tiza blanca y acrílico tierra sombra natural, sin dejar secar para disimular los bordes de la lámina y unificar.

14. Salpicar con pincel y acrílico tierra de sombra natural. Hacer pintitas para envejecer

15. Ubicar la madera en el cartel.

16. Presentar el esténcil de la palabra "Home" y realizarlo con pincel de cerda, bien descargado de pintura. Hacer las guardas de la palabra, en las maderas de arriba y abajo donde quedó "Home".

17. Cortar láminas para armar una composición. Aplicar adhesivo multipropósito en el revés de los recortes de lámina.

18. Acomodar y, con espátula de plástico, presionar hasta pegar sin arrugas.

19. Realizar pincel seco en los laterales de la madera, con acrílico tierra de sombra natural. Salpicar con el mismo color.

20. Cortar hojas de libro a antiguo o laminas con inscripciones en forma de etiquetas vintage. Colocarles en el centro detalles de la lámina.

21. Realizar a la madera un orificio y colocar un hilo para atarlas.

22. Barnizar el cartel con barniz al agua y diluyente.

organizador retro

MATERIALES

- Organizador de MDF, con manija
- Pintura a la tiza, en los colores: verde oceánico, rojo, amarillo y durazno
- Adhesivo mod podge
- Pincel
- Pinceletas
- Sellos
- Servilletas de papel con motivos florales
- Barniz al agua y diluyente satinado
- Tijera
- Lápiz

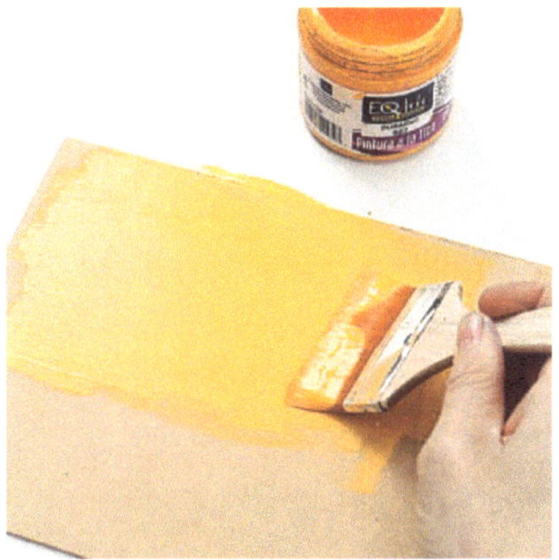

1. Con pinceleta, aplicar una mano de pintura a la tiza color durazno, a todo el organizador. Dejar secar.

2. Con la tijera, recortar las flores por el borde, eligiendo diferentes diseños.

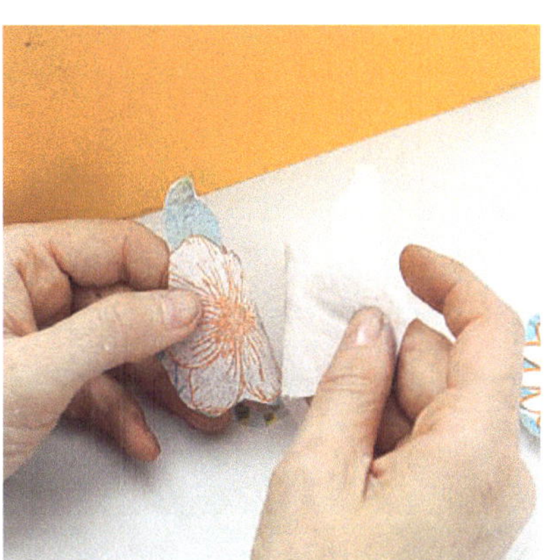

3. Retirar las hojas sin impresión, del sector posterior de la servilleta

4. Colocar mod podge en la madera y acomodar la servilleta.

5. Aplicar también adhesivo por encima del diseño. En este caso, el color de base durazno afectará a la flor.

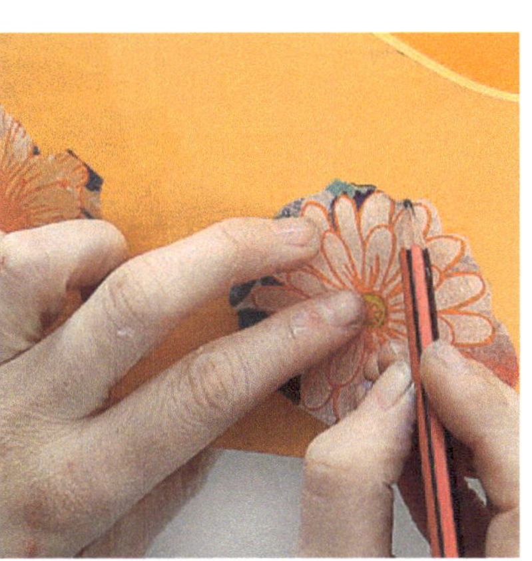

6. Presentar las flores en el organizador, marcar con lápiz el contorno.

7. Pintar con acrílico blanco la silueta de las flores. Dejar secar.

8. Colocar mod podge en la silueta blanca y acomodar la servilleta suavemente.

9. Aplicar adhesivo por encima de la servilleta también. Este diseño quedará con el color blanco original, por la base blanca.

10. Realizar pincel seco, con pintura a la tiza roja.

11. Realizar pincel seco, con pintura a la tiza amarilla.

12. Cargar el sello de inscripciones con pincel seco y la pintura verde oceánico.

13. Sin dejar secar, sellar donde desee.

14. Cargar solo un sector del sello de patrones, con pincel seco y la pintura verde oceánico; sellar las esquinas.

15. Realizar pincel seco, con pintura a la tiza verde oceánico. Aplicar barniz al agua satinado.

PEQUEÑO JARDÍN

MATERIALES

- .Cajón de madera de pino
- .Latas para reciclar
- .Barniz al agua, color rojo
- .Pintura a la tiza, en los colores: azul zafiro, rojo y blanco
- .Dimensional con glitter, en los colores azul y rojo
- .Esténciles de mandalas
- .Mod podge y tijera
- .Pinceles: redondo, taponador y pinceleta
- .Servilleta con estampado de mandalas
- .Pasamanería, cintas y puntillas
- .Medias esferas rojas y azules para bijou
- .Barniz extra mate

1. CAJÓN: pintar la madera en dos laterales, el interior y la parte de abajo. Aplicar una sola mano de barniz rojo, que permite ver las vetas.

2. Pintar con pintura a la tiza blanca, los otros dos laterales.

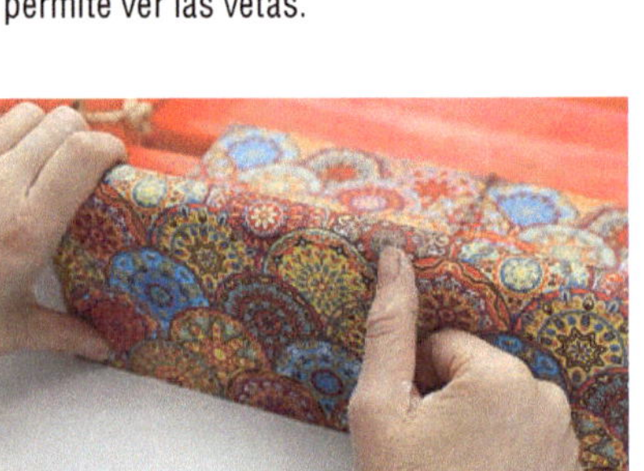

3. Estirar la servilleta de mandala entera y presionar con la mano para marcar el ancho de los lados del cajón. Marcar con un pliegue.

4. Cortar con tijera por la línea marcada.

5. Retirar los papeles blancos, de la parte posterior de la servilleta.

6. Usando la pinceleta, aplicar mod podge.

7. Apoyar la servilleta y acomodarla suavemente para evitar roturas y pliegues. Como se trata de una pieza grande, ir colocando, de a poco, mod podge también por encima.

8. Dejar secar y aplicar barniz y diluyente satinado a toda la superficie, incluida la servilleta y los sectores que quedaron sin découpage.

9. Hacer el esténcil de mandala, ubicándolo para que quede la mitad con azul y matizarlo, una vez seco, con rojo.

10. Con color azul, realizar pincel seco en la unión de la servilleta y del mandala, para esfumar la unión.

11. Realizar pincel seco con azul, en las terminaciones del cajón.

12. Con pintura dimensional azul y luego roja, realizar puntos para destacar las mandalas de la servilleta. Dejar secar.

13. LATAS: pintarlas directamente con esponja y pintura a la tiza en los colores rojo y azul zafiro.

14. De la servilleta con diseño de mandalas, hacer recortes en forma de guarda.

15. Colocar mod podge y acomodar el recorte cuidadosamente.

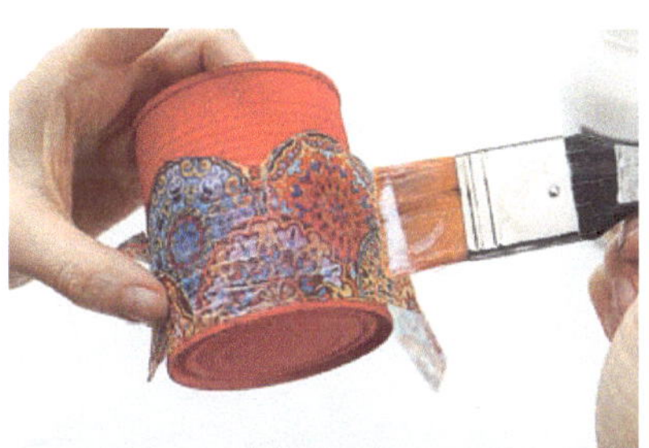

16. Colocarle por encima mod podge. Dejar secar. Finalmente, aplicar barniz extra mate.

17. Decorar con cintas, medias esferitas y pasamanería a gusto.

Personalizar las fundas de los almohadones ¡no puede ser más sencillo!
DÉCOU TEXTIL
MARINA
Animate a jugar con los diseños de las servilletas, tendrás una decoración absolutamente exclusiva. El adhesivo correcto es el découpage textil y las telas deben ser de algodón y estar previamente lavadas para eliminar el apresto. Se deben usar servilletas, en esta técnica no se utilizan láminas.
Página 24

MATERIALES

- Fundas de almohadón
- Servilletas de papel en composé
- Cintas plásticas con diferentes diseños (se consiguen en mercerías)
- Découpage textil
- Pinceleta
- Tijera
- Bolsa
- Plancha
- Pistola de silicona

1. Lavar las fundas de los almohadones y planchar. Cortar la servilleta con el diseño entero.

2. Recortar también algunos motivos de flores, para aplicar en las esquinas.

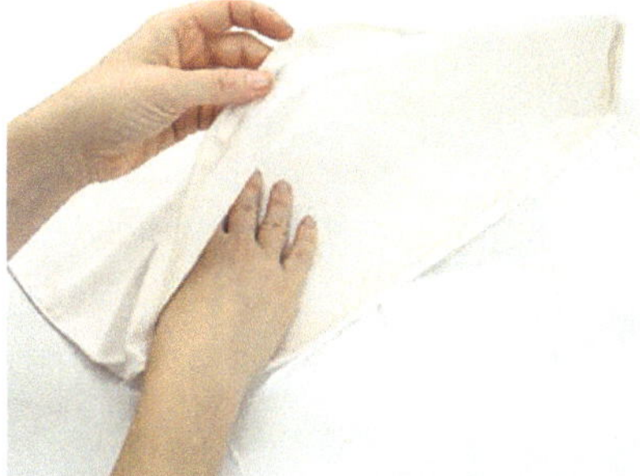

3. Colocar una bolsa plástica en el interior del almohadón.

4. Con cuidado, retirar las hojas sin impresión de la parte posterior de la servilleta.

5. Utilizando la pinceleta, colocar découpage textil en el sector central, donde se ubicará el diseño.

6. Presentar la servilleta en la tela y pegarla cuidadosamente.

7. Aplicar découpage textil por encima. Dejar secar.

8. Con la misma técnica, pegar flores recortadas por el contorno, en los límites del almohadón. Dejar secar.

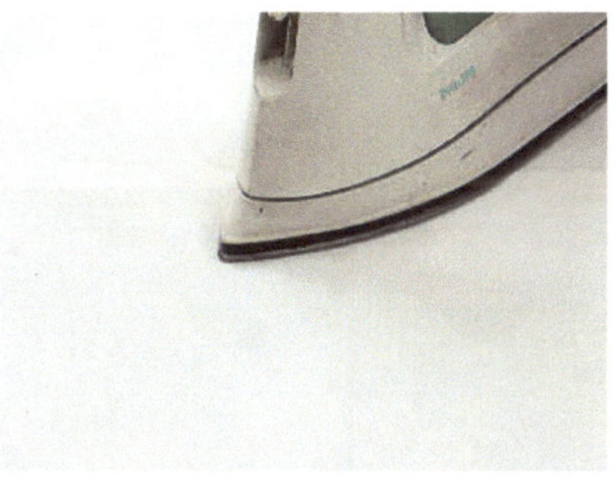

9. Esperar 24 horas, luego dar vuelta y planchar con plancha tibia para fijar bien el motivo.

10. Presentar las cintas limitando las terminaciones. Adherir con pistola de silicona.

MARINA

Te recomiendo usar membrana líquida al agua; ésta permite que la maceta esté totalmente impermeable y que las láminas no se alteren por la humedad.
Para prepararlas como souvenires, lo ideal es trabajarlas en serie, impermeabilizarlas todas juntas, darle bases y luego decorar de a una, dándole la impronta de exclusividad.

MATERIALES

- Macetas
- Pintura a la tiza, color celeste vintage
- Barniz y diluyente satinado al agua
- Pinceles: redondo y pinceletas
- Servilleta estampada con flores
- Tijera
- Acrílico decorativo tierra sombra natural
- Membrana líquida
- Trapo

1. Impermeabilizar la superficie de las macetas, con tres manos de membrana líquida diluida en agua; 50% de agua y 50% de producto. Hacer esto por dentro y por fuera. Dejar secar bien.

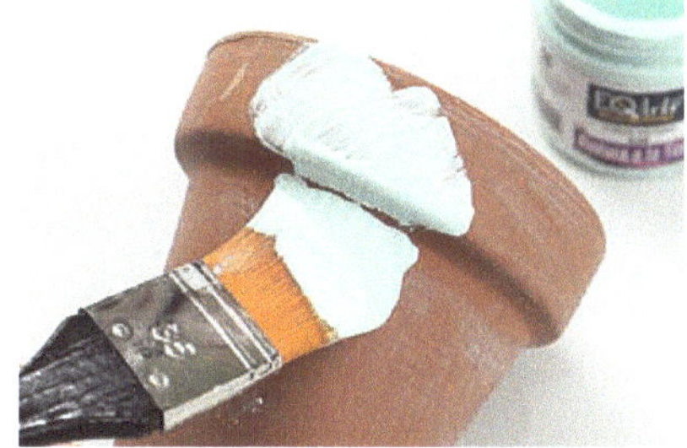

2. Pintar las macetas con pintura a la tiza celeste vintage, también por dentro y por fuera.

3. Cortar las flores de la servilleta y retirar las hojas en blanco.

4. Colocar mod podge en la maceta, donde se colocarán las flores recortadas.

5. Acomodar cuidadosamente y colocar mod podge por encima.

6. Realizar pequeños recortes de flores y decorar en otros lugares de la maceta.

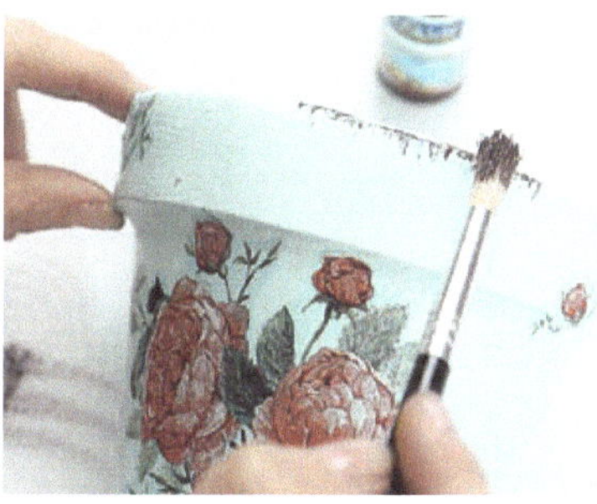

7. Realizar pincel seco, con acrílico tierra de sombra natural en la parte superior.

8. Realizar una veladura con acrílico tierra de sombra natural, bien líquido; para ello diluir 1 parte de pigmento en 2 partes de agua.

9. Esfumar con trapo húmedo.

10. Realizar sombras de un solo lado en los límites de la servilleta, con acrílico tierra de sombra natural y pincel seco. Proteger con barniz al agua y diluyente satinado.

VAJILLA PERSONALIZADA

MARINA

Los objetos decorados pueden lavarse perfectamente, pero no son aptos para lavavajilla.

Se puede pintar con pintura a la tiza blanca, esponjeando después del paso 6, eliminando la transparencia y enfatizando los colores al dar una base.

1. PLATO: limpiar el plato con alcohol para eliminar restos de grasitud.

2. Presentar el diseño de la servilleta que, en este caso, por la elección del dibujo, puede usarse entera, sin cortes.

MATERIALES

- Plato de vidrio
- Frasco de vidrio
- Servilletas para découpage
- Barniz vitrificable
- Pintura a la tiza blanca
- Lija
- Alcohol
- Tijera
- Esponja
- Barniz extra mate

3. Colocar barniz vitrificable en la parte posterior del plato.

4. Retirar las hojas blancas, del sector posterior de la servilleta.

5. Sin dejar secar, aplicar la servilleta con cuidado.

6. Aplicar nuevamente barniz vitrificable, por encima de la servilleta. Dejar secar.

7. Una vez seco, cortar el excedente y lijar los bordes suavemente.

8. FRASCO: aplicar pintura a la tiza blanca, esponjando la superficie del frasco. Dar una segunda mano y dejar secar bien.

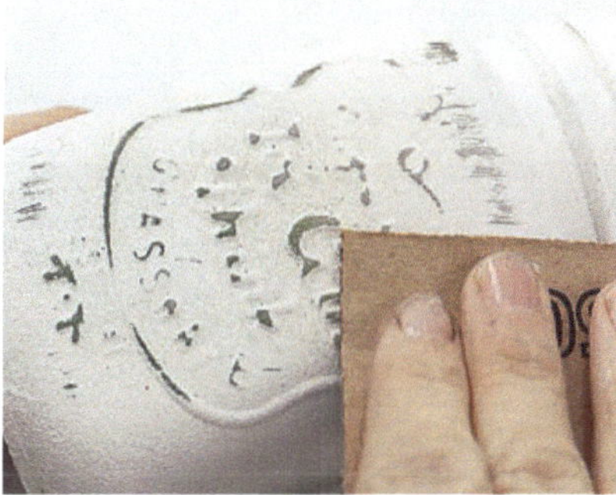

9. Lijar para obtener los detalles del frasco en bajo relieve.

10. Finalmente, aplicar barniz extra mate con esponja